A prosperidade financeira é um direito Divino

O manual da tua prosperidade financeira

por Luciana Attorresi

com os ensinamentos dos Abraham

Brasil

2016

Sumário

Direitos Autorais e esclarecimentos gerais

O autor deste livro não dispensa conselhos médicos ou prescreve o uso de técnicas como uma forma de tratamento para problemas financeiros e emocionais de qualquer gênero. A intenção do autor é apenas oferecer informações de natureza geral a fim de ajudá-lo em sua busca do bem-estar emocional e espiritual. No caso de você usar alguma informação deste livro para si mesmo, que é o seu direito constitucional, o autor e o editor não se responsabilizam por suas ações.

Catalogação da Publicação

Abraham (Entidade de Seres de Luz que se identifica como ABRAHAM)

A prosperidade financeira é um direito Divino: Transcrito por comunicação telepática através de Luciana Attorresi

ISBN: 9788546402205

Editor e realizador geral desta obra: Rogerio Attorresi

APRESENTAÇÃO E AGRADECIMENTOS

Rogerio Attorresi – editor geral

Este é o segundo livro canalizado dos Abraham que apresentamos a você, caro leitor. Para mim é gratificante saber que podemos através deste livro - que adotamos ele pelo nome de "O manual da tua prosperidade financeira" - lhe traz a "fórmula mágica" da prosperidade financeira. A mágica está além das palavras mostradas aqui, de uma forma simples e totalmente compreensível para qualquer publico, ela, a mágica, está no que este livro tem de códigos de Luz em todas as palavras.

Quando Seres de Luz dessa grandeza decidem junto a um Canal perante ao plano do Criador, desenvolverem um projeto como esse, a Luz que tange todo o conteúdo do livro entra na consciência de cada leitor, sendo plantada uma semente, que cedo ou tarde germinará e dará frutos.

Não tem como ser diferente, pois você atraiu essa situação para a tua vida de estar aí, lendo agora este livro, e querendo consciente o não, receber essa Luz Divina que é um direito seu.

Esse livro, sendo concebido em sua totalidade, com amor e aceitação por essas verdades Divinas, mudará certamente para sempre a tua vida.

Boa leitura, muita Luz e Paz!

Luciana Attorresi - autora

Estou emocionada!

Digo isso não só pelo livro pronto, mas porque no momento que eu me sentei para escrever essa apresentação, eu parei um momento para meditar e me alinhar um pouco, e de repente, eu fui invadida por um profundo sentimento de gratidão aos Abraham. Por que esse livro teve um processo muito lento. Eu às vezes passava semanas sem me sentar para canalizá-lo. Isso porque a cada pedacinho do texto que eu recebia, era um pedaço de mim que eu devia olhar e deixar ir. Crenças enraizada há muito tempo e que estavam alí, na minha frente sendo expostas em cada parágrafo que eu transcrevia.

Minha vida mudou muito desde que escrevi as primeiras palavras deste livro. Os Abraham não quiseram fazer um livro complicado. Eles te mostraram basicamente as tuas crenças, seus efeitos na tua vida e como inverter isso, simples e direto.

Sou grata ao Universo por estar vivenciando isso, sou grata ao Rogerio por ser o meu grande companheiro, minha alma gêmea, principalmente sou grata aos Abraham pela paciência e pela benevolência que sinto na presença deles.

Espero que a Luz deste livro te mostre e te ajude a dissolver as crenças limitantes que estão te separando desse direito Divino que é a prosperidade financeira.

Leia este livro e comece agora mesmo colocar em prática os ensinamentos!

A mudança da tua vida depende de você, então mãos à obra.

Namastê

Mensagem para o leitor

Nós somos os Abraham, somos um grupo de Seres de várias dimensões que nos unimos para trazer a vocês o despertar deste maravilhoso Poder Criativo que existe dentro de cada um.

Nós queremos deixar neste livro alguns ensinamentos importantes que vai muito além do dinheiro, pois a prosperidade nasce dentro de vocês. Sem saber, vocês a criam e sem saber, vocês a tiram das vossas vidas. Abram os vossos corações e recebam todo amor que nós estaremos enviando para vocês através de cada palavra deste livro.

Abraham

O que é prosperidade?

Este é um conceito muito importante e também muito confuso para muitos de vocês. A prosperidade é um estado, ela não é "sorte ou garra" como alguns pensam. Ela tem um estado, assim como a alegria, a gratidão, angústia, medo, etc., ela também é confundida com a posse, você se sente próspero quando você tem um tipo de casa, de carro ou emprego.

Mas na verdade, ela não tem nada a ver com isso, pois as coisas que vocês atraem para as vossas vidas, nasce primeiro dentro de vocês, logo se vocês têm uma casa bonita, quer dizer que vocês em algum momento sustentaram esse "estado de prosperidade" pelo tempo necessário à criá-lo e o Universo a materializá-lo. Então nós podemos concluir que a casa nasceu dentro de vocês.

Quando a prosperidade nasce dentro de vocês, ou melhor, quando vocês despertam para a sua existência, ela se manifesta de maneira suave e duradoura na vida de todos, porque ela é muito "educada", ela será incapaz de entrar nas vossas vidas sem permissão, sem o vosso consentimento.

Ela também é uma amiga fiel que mesmo quando vocês a escondem dentro de alguma gaveta no vosso coração, ela não vos abandona, ela fica ali esperando que vocês se lembrem de sua existência e a convidem novamente para as vossas vidas. Se vocês acreditarem na prosperidade, ela não vos abandonará, pois ela se tornará parte da vossa consciência, e ela deixará a sua marca em todos os aspectos das vossas vidas. Basta vocês se abrirem para ela, e ela se abrirá para vocês.

O pensamento linear sobre a prosperidade, somente à limita

Vejam, a natureza com uma única semente consegue criar uma planta, que cresce se tornando uma árvore, que se enche de folhas e que dá frutos por vários anos. A natureza não é linear, ela faz o mais fácil sempre, e por isso que ela é próspera. Vejam os pássaros, eles migram porque se sentem mais confortáveis com o calor e com isso eles encontram maior quantidade de alimento, e para eles o alimento é uma forma de prosperidade, assim como para as árvores darem quilos e mais quilos de frutas, partindo de uma única semente.

A natureza é próspera porque ela se entrega ao fluxo e faz aquilo que sente de fazer, com a dedicação total no processo, sem se perguntar se o que está acontecendo é "bom ou ruim", ela apenas confia na sua essência e isso é também prosperidade.

Todo o Universo é próspero, basta olhar para as estrelas, o mar, a areia no deserto, as florestas, enfim, o Universo revela todos os dias a sua prosperidade, que não falta nada, não falta luz para as estrelas, não falta vida marinha nos mares, não falta sol no deserto, não falta verde nas florestas, tudo que eles precisam eles têm, cada um com as suas necessidades, cada um com as suas particularidades, mas a prosperidade é sempre soberana.

- E porquê para vocês deveria ser diferente?

A baleia não tem que trabalhar oito horas por dia para ter o que comer. O pássaro não tem que pedir empréstimo para ter o seu ninho. Pode parecer absurda essa comparação, mas não é, vocês fazem parte do ecossistema deste planeta, vocês fazem parte dos reinos que compõem a Terra.

Então de acordo com as necessidades de vocês, vocês deveriam ser tão prósperos quanto um golfinho ou quanto um chimpanzé; e então porque o Universo daria mais felicidade para eles do que para vocês?

Não seria justo, e o Universo dá todas as possibilidades para todos. A questão é que Ele dá as possibilidades, mas são vocês que fazem com que elas se concretizem nas vossas vidas.

Quando começam a "vida profissional" de vocês, a primeira coisa que muitos pensam é, "eu vou trabalhar com qualquer coisa, porque eu não tenho experiência em nada". Essa é uma crença limitante, porque o que vocês deveriam pensar em primeiro lugar é, "o que eu gosto de fazer?", e em base nisso, começar a procurar o trabalho que vocês farão com vontade, com prazer, e assim tudo fluiria melhor, pois o que acontece é que quando vocês começam a trabalhar com aquilo que não gostam, vocês criam a crença de que a vida é difícil e a prosperidade é para poucos, e tudo vai ficando com o passar dos anos cada vez mais difícil, cada vez mais frustrante, e vocês se sentem cada vez menos próspero.

Dinheiro - amor e ódio

A grande maioria das pessoas têm uma relação ambígua em relação ao dinheiro. Elas o relacionam com pessoas corruptas, já a pobreza com pessoas honestas.

" Ele tem dinheiro, mas não sei como consegue dormir à noite."

O dinheiro também é associado na maioria dos problemas mundiais, como a fome, desastres ambientais, fraudes bancárias, etc., quando na verdade, o dinheiro é apenas a ferramenta nas mãos das pessoas que ainda vivem em baixas frequências.

Esse pedaço de papel que se chama dinheiro, poderia ser qualquer outra coisa, e essas pessoas fariam as mesmas escolhas. Então, é inútil e injusto pensar que o dinheiro é o grande culpado da história.

Racionalmente as pessoas conseguem entender isso que nós estamos dizendo, mas no seu subconsciente, onde moram as crenças limitantes, esses comentários sobre o "perigo que é o dinheiro" faz com que eles façam de tudo para se protegerem dele, e é por isso que a maioria das pessoas não conseguem prosperar financeiramente.

Conscientemente elas gostariam de ter sempre a carteira cheia de dinheiro, mas ao pensar em uma pessoa com muito dinheiro, dispara o "sistema de proteção" do subconsciente, e ela associa dinheiro + pessoa = corrupto /ladrão, e ela não quer ser nada disso, então ela "não pode" ter dinheiro.

O dinheiro é Luz, assim como todas as outras coisas que existem, ele é feito de Luz, ele não tem uma frequência de origem baixa, e sim o uso dele é que o qualifica em alta ou baixa frequência.

São sempre as escolhas que qualificam, ele é somente um objeto, que poderia ser em madeira por exemplo, e mesmo assim seria o que é hoje. Muitas pessoas e religiões pregam que amar o dinheiro é pecado, então nós fazemos uma pergunta a você:

Como é possível vocês conseguirem ter uma carteira cheia de algo que vos leva ao pecado?

Na cabeça dessas pessoas existe um conflito muito grande, pois o dinheiro faz parte da vida cotidiana de vocês, então com esse esquema mental, é impossível que vocês o tenham em abundância, na verdade vocês estão se protegendo com a escassez dele.

Por que olhando por esse lado, de que o dinheiro é ruim, não é "lógico" que vocês o possuam.

Entendem como essa crença trabalha?

Vocês tentam salvar vocês mesmos de algo que vos faz "mal". Mas ao mesmo tempo vocês precisam dele, porque ele é a moeda de troca para se obter uma casa, roupas, comida, carro, etc.

Nós concluímos, dizendo que vocês vivem em um conflito constante, e todo conflito traz resistência, e toda resistência cria energias de baixa frequências que são emitidas ao Universo, e Ele devolve essas energias potencializadas na mesma frequência. Tudo é muito simples, são as crenças que dificultam todo processo, porque se todos amassem o dinheiro, e nós não estamos dizendo em apego, mas sim amor, o mundo como um todo seria próspero.

A diferença entre amar o dinheiro e ser apegado a ele

Sabemos que muitas religiões criam "regras" que o amor e apego ao dinheiro são a mesma coisa. Mas isso não é absolutamente verdadeiro. O amor é algo sublime, o amor é o envio de Luz constante, é como quando vocês param para observar uma flor no jardim, vocês as olham, as admiram por todos os ângulos, e depois as deixam para que ela faça o seu percurso.

O apego é totalmente diferente, o apego iria olhar para flor, iria achá-la belíssima, e iria arrancá-la e levá-la para casa. Isso é o apego, é o medo de não vê-la mais, é o medo de nunca mais ter a oportunidade de ter em suas mãos aquela flor.

O amor é generoso, ele entende que tudo tem um percurso próprio, já o apego vem do medo, da escassez, e jamais deixa fluir livremente.

Na verdade, o apego ao dinheiro é confundido também com ambição de poder que muitas pessoas sentem ao possuí-lo, pois o apego é a postura de ter, sem querer dividi-lo ou compartilhá-lo com outras pessoas.

Pensando que se assim o fizerem, ficariam sem ele. Mas o que realmente acontece para maioria das pessoas é que o dinheiro dá a elas uma "importância" perante as outras pessoas, que sem ele, elas não teriam. Isso ocorre porque as pessoas são apegadas ao dinheiro ou ao "poder que ele dá", e elas sempre atraem para suas vidas outras pessoas que pensam da mesma maneira.

Por isso que muitas pessoas que são consideradas ricas, ao perderem o seu patrimônio, perdem também o seus amigos, não porque eles eram falsos amigos, mas sim pelo fato de que a energia que os uniam, não existe mais.

Aquele que ficou sozinho não é vítima, porque ele gerou em torno de si a energia que criou essa condição. O amor é algo totalmente diferente, uma pessoa "rica" que ama o dinheiro, cria em torno de si um outro tipo de energia, na qual ela atrai um outro tipo de pessoa.

Ela irá atrair pessoas generosas que ama o dinheiro tanto quanto ela, e que amam também tudo aquilo que o dinheiro pode proporcionar, entre eles existe um amor sem esperar nada em troca, apenas pelo bem-estar, por se sentirem confortáveis, pois o amor é só um, não existe "formas" de amar, o amor que você tem pela vossa casa ou por uma viagem ou por uma roupa ou por uma comida ou por um lugar, etc, é o mesmo amor que você pode ter pelo dinheiro.

Quanto mais você o ama, mais ele estará na sua vida, pois você criará energia que fará com que a sua permanência seja possível. Quando você confia que algo é bom e que te faz bem, automaticamente você o atrai, porque a mensagem que você passa para o Universo é, " ei, eu gosto disso ", e Ele sempre vos diz sim, e vos mandará mais energias semelhantes àquela que vocês estão emitindo.

Do mesmo modo, se você não demonstra amor pelo dinheiro e ao invés disso você acha que ele é sujo, "o vil metal", o Universo vos dirá sim novamente, e o distanciará de vocês. O amor é o próprio fluxo, sem ele tudo que resta é escassez.

A inversão de valores é real

Muitos de vocês falam sobre a inversão de valores, e vocês estão certos, ela existe realmente, mas não no modo como vocês acreditam.

Desde quando vocês nascem, são ensinados que "não podem ter tudo na vida", isso é uma das crenças limitantes mais enraizada e mais difusa entre vocês. Em base essa crença, todas as outras começam a ser formadas. Então, nós podemos dizer que isso é uma inversão de valores, pois vocês podem ter tudo aquilo que vocês quiserem, sempre.

Mas para alterar essa máxima, todas as outras tem que serem alteradas também, "eu tenho que lutar por aquilo que eu quero", "eu tenho que correr para fazer mais, para ter o que eu quero", "o mundo é de quem dá duro", "tudo que vem fácil vai fácil ".

São tantas crenças que vocês foram adquirindo durante a vida que são totalmente invertidas, e elas não são inocentes, elas causam uma visão muito dura da vida, não permitindo que tudo aconteça da maneira mais fácil, mais fluida.

Aquele que trabalha quatro horas e ganha o triplo daquele que trabalha oito horas, não faz parte dessa "inversão de valores". Ele apenas está trilhando um caminho de menor resistência e por isso ele está tendo os melhores resultados.

Sabemos que para muitos, esse é um assunto delicado, pois ainda se sentem vítimas daqueles que têm mais dinheiro. Mas nós temos que dizer que esse que se sente vítima, na verdade, ele é uma vítima dele mesmo, pois ainda não despertou para ideia que foi ele que atraiu para si mesmo a situação de ganhar menos, não acreditando no seu próprio potencial, acreditando que as suas "qualidades" são externas, como família, grau de estudo, condição do país, etc. Enquanto ele estiver se baseando em fatores externos para o seu sucesso, ele nunca encontrará o caminho do bem-estar, pois o caminho do bem-estar começa dentro, e não fora.

Quando vocês estão em uma situação que envolve algum tipo de custo, vocês começam a usar um esquema mental ou crença limitante que define um perfil daquela situação para ela ser avaliada se "vale a pena ou não" se é "justa ou não", se vocês "podem ou não" arcar com aquilo, enfim, é um esquema que suga completamente o poder de criação de vocês, pois os valores não podem ser um parâmetro de um desejo.

Nós diríamos que ao olhar os valores das coisas, vocês estão classificando elas na crença do "posso ou não posso" ter aquilo, e assim fazendo, o poder de criar e toda a vossa energia vão diretamente para os números, que muitas vezes revelam que aquilo não é compatível com o valor que você possui naquele momento, ou seja, ao se "pré ocuparem" do preço, vocês estão deixando de colocar a vossa energia no vórtice, para que o Universo possa vos trazer aquilo de maneira fácil.

Tentem imaginar uma pessoa que sempre que passa em frente a uma vitrine diz para si mesma, "esse sapato é bonito, mas custa muito caro, eu nunca vou conseguir juntar tanto dinheiro assim".

Nos diga se você acredita que essa pessoa irá ter o dinheiro suficiente ou a ocasião perfeita para ter aquele sapato?

Claro que não, pois ela está invertendo os valores, ela está dando a sua energia ao preço "ao não posso", ao invés de se imaginar abrindo a caixa daquele sapato dentro de sua casa, cheia de alegria, sentindo todo o bem-estar em colocá-lo nos pés.

Isso sim cria, a crença de que você pode ter aquilo que você quiser, cria do mesmo modo que a crença que você "não pode ter". A questão é que, com a primeira opção, você ficará ainda mais feliz e com a segunda, não.

Quando todos parecem ganhar aumento de salário e você não

O trabalho é visto de uma maneira muito interessante, pois a maioria das pessoas acreditam que o trabalho não deve ser fácil ou prazeroso. Chega até ser engraçado, quando alguém diz que trabalha poucas horas no dia, que tem um ambiente de trabalho gostoso e que gosta do que faz, as pessoas o olham como se ele fosse a pessoa mais sortuda da Terra, "aquele ali tem um empregão". Hoje nós queremos fazer uma pergunta que muitos não se fizeram nunca:

Que tipo de trabalho você amaria fazer?

Ah! para alguns não haverá uma resposta imediata, pois eles nunca associaram a palavra amor e trabalho na mesma frase - risos. E como é possível que você crie algo sem desejá-lo, sem colocar o teu foco nisso?

Simplesmente impossível! O trabalho é muito associado à frase, "eu faço qualquer coisa" , e nós temos que dizer que essa não é uma associação que cria situações de alta frequência.

Agora vamos supor que vocês estão trabalhando e que esse trabalho não é o dos vossos sonhos, mas ao vosso lado tem uma pessoa que gosta muito de trabalhar ali, que tem uma boa energia sendo emanada dela constantemente e, um dia, aquela pessoa é promovida ou ganha um aumento, no segundo seguinte que vocês ficam sabendo do acontecimento, vos vem uma pontinha de inveja, pois aquela pessoa fez algo que vocês não conseguiram fazer.

Vocês não levam em consideração do fato de que vocês não gostam do que fazem, de que toda segunda-feira vocês reclamam que tem que ir trabalhar, de que estão sempre mal-humorados, e a única coisa que fica martelando nas vossas cabeças é, "porquê comigo essas coisas não acontecem?"

Quando na verdade a pergunta mais útil que vocês poderiam se fazer é "qual trabalho eu gostaria realmente de fazer?" Essa sim, pode mudar a vossa vida, essa é uma pergunta concreta e possibilita um crescimento real.

Tem uma frase chinesa que diz, "trabalhe com aquilo que você gosta, e você nunca mais precisará trabalhar um dia sequer na vida ".

E ela é verdadeira, quando se ama o que se faz, não é um peso.

Vejam, vocês estão lendo esse livro, que foi transcrito pela Luciana, que ficou ali horas e horas transcrevendo, trabalhando nele. Para ela, isso não era trabalho, era diversão, então tudo fluía.

Para desejar um aumento de salário ou uma promoção, queira primeiro um trabalho que vocês se reconheçam nele, então vocês estarão no fluxo.

Jamais o sucesso no trabalho virá da "sorte" , ele sempre virá do amor com que vocês o fazem. O dinheiro e o sucesso, não são frutos do trabalho em si, como vocês pensam, eles são frutos do vosso alinhamento com a abundância, que só pode existir dentro de vocês, e quando se está alinhado com a abundância, se escolhe sempre um trabalho que se gosta de fazer.

Por que empresas que passam de pais para filhos falem?

Temos a certeza que vocês já ouviram falar de alguma empresa, seja ela grande ou pequena, que ao passar para as mãos dos filhos, vão ao falimento. Sabemos também que muitos retêm que isso seja "culpa" da ineficiência por parte dos filhos, que "não deram valor a todo trabalho que foi feito por parte dos seus pais", mas isso não é absolutamente verdadeiro.

O que acontece é que uma pessoa quando consegue abrir uma empresa e depois com o seu amor e dedicação faz com que ela seja abundante, faz isso com a sua própria energia. Por mais que essa empresa possa ser grande, ainda assim, é a sua energia que a está envolvendo, aí então, entra em cena a crença que "vocês têm que deixar uma herança para os vossos filhos, porque eles precisam estar seguros na vida".

Mas acontece que por mais que seja um ato com uma "boa intenção", isso é apenas aparência, porque na realidade essas pessoas estão impedindo que os seus herdeiros tenham a liberdade de fazer outra coisa, de ter outros interesses, então, o que se transfere na verdade não é uma empresa, mas sim um fardo, onde um herdeiro se sente constrangido em aceitar, e o faz em nome da família.

Então esta empresa começa a ser dirigida não mais com aquela energia de amor, mas sim com a energia do "dever", e por mais que esse herdeiro se esforce, ele não conseguirá os mesmos resultados que os seus pais tiveram, pois estão em resistência com suas próprias vontades.

Nós estamos usando como exemplo uma empresa, mas na verdade isso acontece em todos os meios, onde os pais querem deixar algo para os filhos, que na verdade não é de agrado dos filhos. Às vezes se trata de uma profissão onde todos na família são médicos, ou engenheiros, ou professores, ou agricultores e assim por diante. Querer deixar esse tipo de legado aos filhos, é o mesmo que condená-los a fazerem coisas que eles não desejam, e o resultado é medo e escassez, pois não pode existir abundância em um negócio ou uma profissão se não há amor pelo que se faz, e esse amor não pode ser imposto, com uma "chantagem emocional", que "os seus pais trabalharam tanto para construir tudo isso", cada um deve ser livre de fazer aquilo que o coração está pedindo para ser feito, sem cobranças, pois não existe "transferimento de abundância" , ela está dentro de cada um, e ela só se manifesta quando se está em alinhamento com aquilo que se gosta de fazer.

Tudo é espiritual, tudo é Divino

Todo ser tem dentro de si toda energia que necessita para trazer para o mundo físico todos os seus sonhos. Quando se lê que tudo é Divino, isso quer dizer que nada é excluso, todas as coisas começaram no invisível, ou seja, no espiritual, nada que existe aos vossos olhos pertence somente a "matéria", absolutamente nada.

Então isso quer dizer que essa divisão que vocês fazem de "isso é espiritual e isso é material ", não faz o menor sentido, e ao fazer essa divisão, na verdade vocês estão excluindo das vossas vidas aquilo que vocês retêm como "material" , pois esse termo é usado para as coisas que tem "menos valor" .

Vos ensinaram que o "dinheiro é do homem e a fé é de Deus", mas o homem e Deus são a mesma coisa. É impossível dizer onde termina o homem e começa Deus e vice-versa, isso porque as duas partes estão dentro do mesmo Ser e não pode existir um sem o outro. Dizer que o dinheiro é sujo ou que só os desonestos o possui, é o mesmo que dizer que a energia que o materializa é suja, ou seja, Deus é sujo, porque é dele e é Ele que dá origem a todas as coisas.

Você entende como esse pensamento não faz algum sentido? E se tudo e todos fazem parte do Todo, isso quer dizer que você também faz parte do dinheiro e se ele é o "mal", esse "mal" faz parte de você e você dele.

Olhem por outro lado, se o dinheiro é uma criação da Consciência Suprema, logo a única coisa que ele pode trazer para as vossas vidas é o bem-estar, pois jamais a energia que criou todas as coisas poderá criar algo que tenha uma essência de dor ou medo, todas as criações são maravilhosas, a questão está que vos foram ensinadas muitas inverdades que se tornaram crenças que vos dão a sensação de que, se vocês tiverem pouco dinheiro, vocês serão melhores do que aqueles que o tem em abundância, pois "aqueles que têm muito dinheiro, tem a vida fácil, e somente quem tem uma vida cheia de sacrifícios é que tem valor perante aos olhos de Deus".

Mas, se o dinheiro também é uma energia Divina, a falta dessa energia em vossas vidas significa que vocês estão com uma deficiência dessa energia Universal, e ao invés de vocês se sentirem bem em ter pouco dinheiro, seguindo o conceito que se tem mais valor em ter menos dinheiro, vocês se sentem desconfortáveis, se sentem sem energia, isso é a vossa alma vos dizendo , "ei, relaxa, o dinheiro é a energia suprema se movendo na tua vida", portanto analise o vosso posicionamento em relação ao dinheiro. Quando você pensa nele, como você se sente?

Quando vocês notam alguém que tem muito dinheiro, qual é a primeira coisa em que vocês pensam? Se vocês pensam em problemas ou desonestidade, nós temos que dizer que vocês estão afastando com "as vossas próprias mãos" essa energia da vossa vida.

Comecem uma relação de amor com essa energia, pare de apontar o dedo para aqueles que a obtém de maneira desonesta, ignore completamente, pois isso não faz parte da vossa realidade, o vosso foco deve ser apenas no amor pelo dinheiro, como se ele fosse uma energia vinda diretamente do Universo para vos complementar, porque é isso que ele realmente é, uma energia Divina em ação.

A divindade que existe dentro de cada um, controla o fluxo e refluxo de energia que existe ao redor de vocês. Para fazer esse controle, a divindade usa o magnetismo, por isso que não é possível haver erros em uma atração, por isso que vocês não tem como serem vítimas do acaso, pois essa malha magnética que existe ao vosso redor, existe ao redor de tudo e de todos, e as energias não fingem ser o que não são, então a lei da atração não tem como falhar. Tudo aquilo que é atraído por vocês ou repelido, foi feito em base à energia que vocês emanam, na mais absoluta honestidade, pois vocês podem dizer coisas que na verdade vocês não querem ou não acreditam, mas vocês não conseguem fazer o mesmo com os sentimentos, vocês não conseguem emanar para o Universo algo que vocês não sentem.

Quando a boca diz que quer um trabalho que goste, mas o sentimento que se emana é, "será que vou arrumar um outro trabalho que será bom para mim ?", vocês estão emanando dúvidas para Universo, e a dúvida vem do medo de errar.

Qualquer coisa que vocês escolhem fazer, tem que estar alinhado com vocês, se não, não acontecerá, pois não terá sido alimentado com a vossa energia, e tudo aquilo que se materializa, só existe porque foi sustentado pela energia de alguém. Alguém desejou, se alinhou e materializou aquilo. Por que muitas pessoas começam uma faculdade e logo no primeiro ano desistem do curso que elas tinham escolhido?

Por que conforme a pessoa começa a descobrir que aquele curso não é como ela pensava, ela começa a retirar a sua energia dele, colocando a sua energia em um outro lugar, e em um período muito curto a pessoa se sente tão desconfortável ali, que ela resolve que a única alternativa que ela tem é trocar de curso.

Na maioria das vezes, essas pessoas não baseiam as suas escolhas de possíveis futuros salários que aquele curso poderá lhes proporcionar, mas sim em base a um querer maior, a um chamado que vem da alma, e ao ceder a esse chamado, essa pessoa está colocando em movimento a abundância, pois escolher a profissão em base ao querer, abre-se as portas do coração, e fazer o que se gosta, é emanar abundância para o Universo.

O dinheiro e o ar

O dinheiro é tão cheio de Luz e amor quanto o ar que vocês respiram. A matéria-prima que o Universo usa para fazer um, é a mesma para fazer o outro, então para a Mente Suprema não existe diferença.

O ar pode ser tão danoso à vossa saúde quanto o dinheiro para a vossa jornada. Se for adicionado componentes químicos nocivos no ar, como por exemplo a fumaça de um incêndio, o ar torna-se uma fonte de desconforto que pode vos levar a adoecer e até mesmo, a deixar o corpo. Mas para vocês, não foi ensinado isso, foi dito apenas que o ar é Divino e o dinheiro é motivo de desconforto, pois "desperta nas pessoas a ganância e avareza".

Nós daremos um exemplo, quantas e quantas pessoas neste planeta deixaram o corpo por terem respirado um ar contaminado? E, em momento algum vocês culpam o ar por isso, vocês se lamentam por aqueles que colocaram aquelas pessoas na situação de estar em contato com aquele ar contaminado, mas jamais, vocês culpam o ar. Mas com dinheiro a história seria completamente inversa.

Se uma pessoa muito rica fica doente, a primeira coisa que a maioria das pessoas pensam é, "só Deus sabe o que ele fez para conseguir todo aquele dinheiro", ou "se tivesse pensado menos em juntar dinheiro, a sua vida seria diferente". Sempre colocando o dinheiro como o antagonista, o bandido da história. Tanto um quanto outro são nulos em sua essência, assim como todas as coisas, é sempre a vossa intenção que direciona a energia para eles.

Dissolvam a crença limitante de que o dinheiro é o responsável pela ganância e pela avareza das pessoas, porque na verdade as pessoas só demonstram aquilo que já existe dentro delas, então aquele que faz um "mal" uso do dinheiro, que usam para corromper e espalhar dor, ele fez isso não por causa do dinheiro, mas sim porque o desejo de fazer essas coisas já existia dentro dele, o dinheiro foi apenas o caminho para ele materializar o desejo que ele alimentava. Construa uma nova crença, a crença possibilitadora de que o dinheiro é "tão bom" quanto o ar que você respira. Essa é uma bela afirmação para quem está vendo o seu dinheiro diminuir na sua carteira.

A prosperidade traz ainda mais contentamento

Sempre quando vocês pensam em uma vida fácil, vocês pensam que na vida da pessoa não falte nada financeiramente. Essa percepção se dá porque vocês imaginam que aquilo que falta na vida de vocês é exatamente o complemento que faltava para que a vida ficasse plena.

Sem perceber vocês estão na verdade procurando pela harmonia. O Universo é harmônico, toda criação tem sempre à Sua disposição tudo aquilo que é necessário para que essa se expanda da maneira que Ela quer ser.

Vejam um exemplo, no planeta Terra existem vários tipos de florestas, e cada uma tem um tipo de vegetação, pois os solos e climas de cada lugar são diferentes, logo a vegetação tem que ser adequada, porque não se pode colocar uma planta que necessita de muita água em um lugar de clima seco, ela não resistiria. E esse cuidado não é reservado exclusivamente para as plantas e animais, esse cuidado está sobre vocês também.

Por mais que às vezes vocês não consigam enxergar, vocês tem tudo aquilo que necessitam para fazer a vossa expansão, mas apesar de vocês terem todo o necessário para fazer todas as transmutações que o vosso ser necessita, mesmo assim na maioria das vezes, vos falta a harmonia, então sem perceber, vocês identificam o que está faltando, e isso se torna importante para vocês.

Isso pode ser qualquer coisa como ter um filho, um relacionamento estável, uma profissão, etc., então vocês saem à procura disso, e quando se deparam com alguém que tem aquilo que vos está faltando, vocês pensam que a vida do outro é mais fácil que a vossa.

A grande maioria das pessoas deste planeta vivem na escassez financeira, muitos acreditam que isso acontece por culpa dos outros, como se os únicos poderes que existissem, fossem o econômico e o político, que as pessoas que são ricas ou que participam do governo, são responsáveis pela miséria que existe no mundo.

Sim, existem pessoas que usam o seu dinheiro e a sua influência política para trazer dor e miséria na vida de muita gente, mas tudo, exatamente tudo aquilo que existe na vida de uma pessoa, foi atraída por ela mesmo.

Essa atração nem sempre é feita pela intenção, mas sim pelo foco, isso quer dizer que, por exemplo, uma pessoa tem intenção em se formar na faculdade, mas o seu foco está em participar das festas da faculdade, então será muito difícil essa pessoa atrair boas notas e um bom emprego no final do curso, pois o seu foco está muito distante da sua intenção.

Então jamais alguém irá conseguir vos roubar ou vos enganar, se vocês não tiverem atraído aquela situação, focando em coisas de baixa frequência, como medo, escassez e dificuldades.

A prosperidade, a abundância financeira, faz parte da harmonia de quem vive neste planeta neste momento. E não interessa se a moeda de troca é o dinheiro ou sacos de milho ou camelo ou ouro, etc., o que interessa é que a abundância financeira é uma energia, que faz parte do vosso Ser, quando ela está sendo colocada de lado, para então ser usado o pensamento da escassez, vocês se sentem fragmentados e sem harmonia.

Quando vocês têm tudo aquilo que necessitam para aquele momento, vocês se sentem plenos, e essa harmonia transforma um simples evento em um momento para ser guardado na memória por muito tempo.

Então se sentir desconfortável quando vocês estão passando por um momento de escassez econômica é compreensível, mas se vocês permanecerem lutando contra esse momento, ele se prolongará, porém se vocês entenderem o que está se passando naquele momento, e começarem a trabalhar com o Universo convidando-o para entrar, resolvendo a situação e confiando que Ele jamais vos deixará sem respostas, esse momento passará e o sol da abundância começará a brilhar nas vossas vidas.

O que é confiar no Universo?

A palavra Universo pode ser substituída por qualquer uma que vocês queiram, pode ser Deus, mente Suprema, Criação, Pai, Pai/ Mãe , etc., não importam o nome, porque vocês sabem que estamos falando da Fonte Criadora de todas as coisas.

Imagine que vocês têm um programa de computador, que calcula todas as contas. Basta que vocês coloquem o valor que gastaram, e todas os cálculos são feitos automaticamente, vos dando o resultado final com um simples comando. Vocês terão tudo resolvido na vossa frente. Assim é o Universo.

Com uma única diferença, ele é um "programa" muito, mas muito mais avançado (risos).

Quando vocês estão na frente do vosso computador, fazendo os vossos cálculos do mês, vocês estão na verdade tendo a intenção de fazer um trabalho em conjunto com aquele software, vocês estão fazendo uma parceria com ele para vos facilitar a vida.

Quando vocês estão inserindo os valores que entraram e saíram naquele mês, vocês estão na verdade compartilhando a vossa vida com ele, pois vocês sabem que podem confiar no resultado que ele vos dará.

Quando vocês terminam de inserir todos os dados e clicarem no "enter", naquele instante, vocês na verdade estão esperando o resultado da entrega que vocês fizeram a ele, e quando finalmente o resultado aparece na tela, vocês sabem que o resultado é certo, mesmo que os números não vos agrade completamente, vocês os aceitam como uma verdade absoluta, e é assim que vocês deveriam fazer com o Universo, essa parceria, onde cada um faz a sua parte e o resultado é sempre o melhor que poderia acontecer.

Vocês têm um ditado que diz, "entre mortos e feridos, salvaram-se todos", e ele é absolutamente verdadeiro. Todo o resultado é o melhor que poderia ter acontecido.

A confiança na mente Suprema está em compreender que cada um deve fazer a sua parte e o resultado é sempre certo, vocês convidam o Universo com a vossa frequência para trabalhar com vocês, isso quer dizer que devem acreditar que algo irá realmente acontecer, sem se distraírem em pensamentos de escassez.

Vocês meditam/oram para as coisas que desejam, depois vocês se enchem de certeza que o movimento está acontecendo, porque vocês estão fazendo a vossa parte e o Universo fará a dele.

No final o resultado chega, às vezes ele não é exatamente o que vocês pensaram, mas veio o que era possível fazer naquele momento, e se vocês continuarem a fazer essa parceria, aquilo que vocês desejam chegará até vocês, porque quanto mais vocês confiam em si mesmos e no Universo, mais os resultados serão rápidos e precisos.

Confiar no Universo é saber que se está em um barco que segue em um rio que tem sempre as águas calmas, e que o capitão é muito experiente e ama conduzir a todos pelas melhores experiências. Isso é confiar no Universo.

Quando se confia no processo, não existe preocupação, como quando se encomenda um bolo em uma doceria, vocês vão até lá, fazem o pedido, agendam o dia para retirá-lo e vão para casa, sem ficar pensando como o bolo será feito ou quanto tempo eles levaram para fazê-lo, simplesmente vocês entregam o desejo nas mãos deles, e confiam.

Ah! se vocês confiassem assim no Universo – risos.

Tudo seria muito mais simples, vocês viveriam mais facilmente no agora e não haveria estresse no vosso cotidiano.

Vocês ainda estão muito presos na crença de que o "fazer algo" é sinônimo de agir. Quando algo chega na vida de vocês, ele chega não porque vocês "fizeram algo", mas sim porque vocês tiveram a intenção de alguma coisa, mantiveram o foco nessa intenção e a atraíram para a vossa realidade. Sem perceber vocês fizeram a entrega e confiaram no Universo.

A prosperidade e abundância estão por toda parte

Não existe uma só estrada que entre em vossas vidas, que não vos levem para expansão, e a expansão é sinônimo de prosperidade.

O Universo não faz nada pequeno, tudo aquilo que ele se propõe a fazer é abundantemente próspero. Vejam por exemplo uma árvore de fruta, ela sempre dá fruta em abundância, o suficiente para vocês comerem e também sobrar para alimentar os pássaros, e ainda aquelas frutas que estão muito maduras, caem no solo e adubam aquela árvore.

Que maravilha! A natureza é a representação mais próxima da abundância que o Universo tem, nada falta Nele, aquilo que não tem ainda, é porque não é necessário naquele momento.

Então nas vossas mentes vem uma dúvida, "porquê que existe a escassez na vida de tantos amigos físicos ?"

A nossa resposta é quase inacreditável, ela existe nas vossas vidas porque vocês a usam.

Vocês então se perguntam - "como assim?"

Cada vez que vocês "batem no peito" do orgulho de ser pobre ou de se acharem melhores do que os que têm dinheiro, vocês estão usando a escassez como um modo de se sentirem parte de um sistema, "onde existem os ricos corruptos e os pobres honestos". Por mais que a maioria das pessoas conheçam pessoas pobres que não são honestas, mesmo assim se criou essa crença, que deve ser dissolvida o mais rápido possível. Por que quanto mais vocês usam a crença que a pobreza é sinônimo de ser uma pessoa integrada, mais a pobreza chegará em vossas vidas.

Não existe beleza e nem poesia na escassez, na escassez só existe desequilíbrio e no desequilíbrio não pode haver o conforto.

Quanto mais vocês ignoram o fato de ser rico ou pobre, honesto ou desonesto, se concentrando em vossas próprias vidas, vocês começarão a ver os caminhos se abrirem de forma harmoniosa, claro que o processo pode ser lento para alguns casos, pois existem crenças muito enraizadas nas vossas consciências, mas uma vez que o processo começa, o Universo começará a responder às vossas novas crenças possibilitadoras, e começarão a ver a abundância ser atraída até vocês, como um novo trabalho, um novo carro, uma nova casa, e assim por diante.

Se concentrem em procurar a beleza de cada momento, é assim que se vive em abundância.

Como faço para ver o meu dinheiro se multiplicar?

Para muitos, esse será o trecho mais lido do livro - risos.

Todos sabem que o dinheiro é uma energia, assim como todas as coisas que existem. Então agora imagine que essa energia está correndo em um fio. Se o fio tem capacidade suficiente para suportar a tensão daquela energia, ela sairá de uma ponta do fio e chegará na outra com a mesma intensidade, mas se o fio for muito fino, ou incapazes de suportar a tensão, ou se ainda estiver com pequenos cortes no revestimento dele, a energia que entrará em uma ponta não será a mesma que chegará na outra ponta, pois a energia terá perdido intensidade no caminho.

Exatamente isso que acontece com o dinheiro, a energia dele chega até vocês, mas o medo de perdê-lo ou a crença de que vocês nunca têm o bastante para terem uma vida confortável, faz com que a energia se perca no caminho, então há o enfraquecendo.

Teoricamente, muitos que lerem este livro já sabem disso, mas não conseguem mudar o quadro de suas situações financeiras. Isso ocorre porque ainda não se começou a cuidar do fio, e o fio nesse caso são as crenças, se elas forem possibilitadoras o fio é forte e não existe nenhum corte no revestimento dele, mas se as crenças forem limitantes, o vosso fio não terá condição de suportar a tensão da energia fantástica que é o dinheiro.

Você é o fio e também é a própria energia do dinheiro, é você que na verdade conduz essa energia, então se você está confiante em si mesmo e na vida, você conduz essa energia para "locais" de alta frequência, mas se você pensa que tudo é difícil e que é normal estar sem dinheiro, "porque isso acontece a todos" ,então você está pegando teu fio e conectando a "locais" de baixa frequência.

A energia do dinheiro começa em vocês e através da vossa malha energética, vocês a direcionam para onde o vosso pensamento quiser. O vosso pensamento é um aglomerado de crenças limitantes, crenças possibilitadoras, pensamentos influenciados e inspirações do coração.

Todas essas coisas povoam a vossa cabeça, algumas são de baixa frequência e outras são de alta, vocês devem se manter sempre nos pensamentos de alta frequência, pois todos pensamentos de alta frequência tem como princípio o teu bem maior, então quando vocês emitem um pensamento de alta frequência, toda a vossa malha energética ganha com isso, porque nada em vossas vidas começa fora dessa malha, então mesmo que o vosso pensamento seja para uma área distinta das vossas vidas, uma outra área irá ser contemplada energeticamente por aquele pensamento, pela energia que ele criou, ou seja, se vocês estão animados e confiantes com o vosso novo trabalho, até mesmo aquela reunião de família que para vocês,a maioria das vezes é difícil, ganhará uma nova energia de alta frequência e se sentirão melhor em relação a ela.

Por isso que nós sempre dizemos para que vocês procurem a alegria em todas as coisas, porque até mesmo naquelas que são pequenas, muitas vezes passam despercebido.

Se vocês se concentram na felicidade, em estar sempre em busca dela, o vosso fio estará forte e sem rachaduras, pois vocês estarão em alta frequência, vocês mudarão o ponto de atração, deixarão de ser pessimistas e passarão a ser otimistas. E com isso, tudo no vosso exterior tem que mudar.

Vocês foram ensinados que cada área das vossas vidas tem que ser separadas, mas isso não é verdadeiro, tudo isso é uma invenção para vos dividir, para que vocês se vejam fragmentados e que "aceitem melhor" a teoria que um ângulo da vossa vida está "bom e outro não" se torne uma espécie de compensação, "não posso me lamentar porque eu tenho um bom relacionamento, apesar de estar passando por dificuldades financeiras".

Vocês são um inteiro, onde devem espalhar a vossa energia sempre e em todas as direções, sendo sempre confiantes e amorosos consigo mesmos. A auto condenação enfraquece o fio e também direciona a vossa energia para as baixas frequências.

A multiplicação do dinheiro acontece quando vocês começam a multiplicar a vossa energia em canais de alta frequência. Comecem esse trabalho de mudança, sendo agradecidos diariamente por todas as coisas que vos acontece, de manhã ao despertar e a noite antes de dormir.

Agradeçam, pois o sentimento de gratidão pertence a frequência do amor, e ela abre todas as portas.

O dinheiro não é sinônimo de felicidade

Esta é uma máxima verdadeira que foi criada para tirar com mais facilidade, essa energia de vocês.

É verdade que o dinheiro não é sinônimo de felicidade, mas também é verdade que a ausência dele também não é. Nenhuma coisa externa é sinônimo de felicidade e nem a ausência dessas coisas são.

As coisas externas, seja dinheiro, casa, trabalho, carro, etc., são sinônimos de conforto, que é uma energia, e se estiver faltando essas coisas externas nas vossas vidas, é porque a energia do conforto, da felicidade, não estão existindo dentro de vocês.

A felicidade é um estado, por exemplo: Muitas vezes vocês estão sozinhos e se sentem contentes, e outras vezes vocês ficam tristes. Sem um motivo ou uma justificativa, simplesmente estão, isso acontece porque é algo que está dentro de vocês.

Não existe um sinônimo para o dinheiro, ele simplesmente é, assim como todas as energias que existem, mas o fato de se comparar a felicidade com ele, faz com que vocês, sem perceberem, abram mão dessa energia. Por que a felicidade é um estado da alma, onde todos vocês se identificam com ela, o simples pensamento de não tê-la, vos traz desconforto.

E quando se diz "o dinheiro não traz felicidade", ou "não é sinônimo de felicidade", é o mesmo que se dissesse, "ei... escolha, ou um ou outro". Mas vocês não têm que fazer nenhuma escolha nesse caso, porque os dois fazem parte da vossa energia, então vocês podem ter os dois, sem ter que abrir mão de vocês mesmos.

É como se alguém pedisse para vocês escolherem a mão direita ou a mão esquerda, sendo que as duas vos pertencem.

Não tem como dividir algo que é inteiro, inseparável, assim é a energia criativa que existe dentro de vocês, ela é capaz de criar tudo aquilo que vocês precisam, sem ter que escolher qual coisa criar. Ao escolher entre o dinheiro é a felicidade, é como se vocês tivessem um poder limitado, e isso não é verdadeiro, mas o vosso poder sempre agirá sob as vossas crenças, se vocês acreditam que podem fazer todas as coisas, assim será, mas se vocês acreditarem que nem tudo é possível, "porque ninguém pode ter tudo na vida" , assim será.

Mas saibam que o vosso poder de criação é o mesmo daqueles que vocês chamam para vos ajudar, pois esse mesmo poder também existe nos anjos, arcanjos, irmãos galácticos, Mestres, etc. Eles são Seres de Luz assim como vocês.

Por isso que jamais vocês terão algo que não seja criado por vocês mesmos, porque a Mente Suprema que materializa os vossos desejos, também são vocês. Então vocês são a energia do pensamento, o vórtice que reúne e atrai energias semelhantes e também a Mente Suprema que materializa todas as coisas.

Mas tudo isso deve estar sincronizado, harmoniosamente alinhada, para que tudo aconteça.

Mudem o vosso ponto de atração

Tudo aquilo que chegou em vossas vidas, foi em base a um ponto de atração. Esse ponto é criado com a frequência de energia que vocês estão emitindo, então para vocês mudarem um aspecto na vossa vida, vocês devem mudar o ponto de origem.

O Universo se baseia nele para trazer algo, então não adianta reclamar ou xingar, vocês só estarão piorando o ponto de atração, é como se vocês quisessem apagar um incêndio com gasolina.

A única coisa a se fazer é começar a desejar e não se sentirem tristes com aquela situação, se sentirem livres, confortáveis, alegres, esperançosos e assim por diante. Por que quando vocês mudam o vosso estado, automaticamente muda o ponto de atração.

Um dos melhores modos de mudar o estado é usar o sentimento da gratidão, ao acordar sejam gratos por terem mais um dia de oportunidades, agradeçam a água no vosso banheiro, agradeçam o teto que vos acolhe, agradeçam o corpo que vos proporciona sentir sensações que sem ele seria impossível, agradeçam o caminho que irão percorrer, a todas as pessoas que vocês encontrarão naquele dia, e tudo mais que vocês se sentirem inspirados em agradecer. Acordem 5 ou 10 minutos mais cedo, para que vocês possam fazer isso com calma.

No decorrer do dia continuem agradecendo, e a noite antes de dormir, agradeçam por todo o dia, peçam para se lembrarem do sonho que vocês tiverem e peçam para acordar dispostos e animados na manhã seguinte.

Se vocês continuarem a fazer isso por 30 dias, vocês irão mudar o ponto de atração. Não se distraiam em reclamações ou críticas, isso é muito importante.

Com um pouco de disciplina vocês poderão em apenas um mês começar a ver uma mudança considerável no vosso estado.

Como é fácil permanecer conectado ao dinheiro

Muitos de vocês já se deram conta de que atualmente vocês não conseguem permanecer conectados à energia do dinheiro, uma hora vocês têm e outra não. Isso acontece porque vocês não conseguem ser constantes na emissão da energia da abundância para o Universo.

Dentro de vocês existe a energia da abundância, por isso que as vossas unhas crescem, por isso que os vossos pelos e cabelos crescem, por isso que a vossa pele se renova, etc.

É a energia da abundância que está por trás de toda a reprodução que acontece nas vossas vidas. Até quando se trata de "problemas", quando vocês estão tendo vários deles em vossas vidas, também é a energia da abundância.

Quando vocês acreditam em algo, vocês ativam a energia da abundância, então ela é emanada para o Universo que a multiplica e devolve aquela mesma energia, materializando algo que está na mesma frequência daquela que foi emanada.

Se vocês desejam ter sempre um fluxo de dinheiro, vocês devem ter na grande maior parte do dia um posicionamento positivo da vida, isso pode parecer pouco, mas o que acontece é que vocês vivem em uma montanha russa de sentimentos em relação a vida, em relação ao trabalho, ao dinheiro, enfim, a vocês mesmos.

Uma hora vocês estão confiantes que tudo irá se resolver, e de repente vocês estão presos novamente no medo e na angústia.

Na maioria das vezes, vocês passam mais tempo na angústia, do que na certeza de que o poder que existe dentro de vocês é capaz de vos trazer qualquer solução, qualquer uma, porque dentro de vocês existe um Poder Criativo que sozinho pode criar uma Galáxia inteira.

Quanto mais tempo vocês permanecerem focados nas altas frequências, menor será as subidas e descidas na vossa vida financeira. Cada um tem um modo de se focar naquilo que se quer, mas isso jamais poderá ser feito no futuro, "quando eu tiver dinheiro ficarei mais tranquilo".

No futuro não se cria nada, tudo é feito no agora. "Quero uma casa!", imagine o que vocês gostariam de ter em uma casa, e quando terminarem voltem para a vossa vida e viva o vosso presente, não fiquem fazendo uma coisa imaginando outra, se concentrem em cada coisa que vocês estiverem fazendo, ou seja, se querem imaginar, sentem-se e imaginem, mas quando estiverem lendo, estejam ali, quando estiverem fazendo vossas tarefas do dia a dia, estejam ali sempre presentes, sempre vigiando os vossos pensamentos, só assim vocês conseguirão manter a energia da abundância direcionada para os vossos objetivos.

Não deixem os vossos pensamentos trabalharem sozinhos, estejam sempre presentes.

Pensar em como economizar o vosso dinheiro, realmente vos ajuda ?

Sabe porquê ninguém gosta de economizar? Por que a economia vai de encontro à abundância do vosso Ser.

Como dissemos antes, a abundância existe dentro de todos, e ela está sempre trabalhando naquilo que é importante para vocês, naquilo que focam e quando vocês chegam em um momento no qual escolhem por economizar, deixar de adquirir algo por falta de dinheiro, vocês não se sentem confortáveis, porque isso vai contra a vossa natureza. E por outro lado quanto mais vocês procuram uma maneira de economizar, mais vocês estão fortalecendo a energia da escassez que gerou aquela situação.

Muitos irão dizer, "mas tem momentos que se deve fazer isso". Sim, isso é verdadeiro, mas nós estamos falando de foco, vocês podem estar em uma situação na qual vocês tem que comprar uma roupa mais barata, para ter dinheiro o bastante para pagar o aluguel, mas o foco de vocês jamais deve estar em como economizar, ou ainda, tem pessoas que se sentem especiais porque tiveram que fazer esses "sacrifícios" na vida.

Não, o vosso foco deve ser na solução, "como faço para ganhar mais? Como faço para que meu negócio renda mais dinheiro?"

Esse deve ser o vosso foco, na solução, jamais na escassez. Não existe beleza nenhuma na escassez, existe apenas o desconforto e ausência do fluxo Divino. Ao fazer uma escolha em economizar por algo, o faça sem apego, sem ficar pensando no "sacrifício" que se está fazendo, faça no momento que tiver que ser feito, mas não fique pensando um mês antes qual será a "estratégia" de como economizar, pois isso gera uma energia de escassez muito grande no vosso campo, isso quer dizer que vocês estarão gerando um vórtice de baixa frequência, fazendo com que não somente aquilo que vocês planejaram aconteça, mas também outras pequenas coisas, outros pequenos gastos irão acontecer no meio do caminho ou posteriormente, pois a energia da escassez irá atrair energias semelhantes a ela, e vocês se verão em situações cada vez mais delicadas financeiramente.

Vocês não devem gastar a vossa energia planejando um fracasso, mas sim devem despertar o poder criativo que existe dentro de cada um e então encontrarão a solução para que a situação seja invertida e comece a gerar pensamentos de abundância e principalmente de confiança no Universo e em vocês mesmos.

Lembrando que toda situação dura somente o tempo de vocês aprenderem com ela, então uma outra começa em vossas vidas, e nenhuma situação é sinônimo de sofrimento, mas sim o apego é sinônimo de sofrimento.

Quando vocês estão passando um momento difícil financeiramente, é porque existe uma crença limitante ou esquema mental, que está vos conduzindo já algum tempo pela estrada de escassez. O único modo de sair, é identificar qual é a crença que estava vos conduzindo e deixar de usá-la, ou seja, criar em seu lugar uma crença possibilitadora que desperte o vosso poder, e assim que a crença não for mais usada, ela automaticamente desaparece.

Como criar uma consciência próspera?

Uma consciência próspera é aquela que está totalmente integrada no fluxo do bem-estar, ela não se apega às situações, ela está sempre aberta para o novo. A prosperidade é uma energia que flui quando vocês estão abertos para as mudanças e estão sem medo do que está por vir.

A consciência próspera não "erra" jamais, pois cada situação é sempre encarada como uma experiência única e que de algum modo, lhe trará uma grande quantidade de bem-estar.

Ela jamais poderá ser encontrada quando não há desejos ou sonhos, pois a consciência próspera é sonhadora e não se apega aos detalhes de como conseguir, ela simplesmente sonha.

Todos vocês tem direito a ter uma consciência próspera, mas muitas pessoas renunciam a esse direito, e permanecem por toda a vida se lamentando que suas vidas são monótonas, mas ao primeiro movimento que o Universo lhes trazem, elas se fecham e tentam com unhas e dentes permanecerem exatamente onde estão.

Quantas histórias de sucesso começaram quando a pessoa perdeu o emprego e não encontrando um outro, ela abriu o seu próprio negócio e foi um sucesso.

O movimento do Universo nem sempre é bem compreendido por vocês, então vocês acham que está "tudo errado" e começam a resistir à situação que está vos apresentando, fazendo uma resistência enorme ao invés de permitirem que tudo aconteça mais rapidamente, vocês prolongam aquela situação, porque ela permanece sendo alimentada com a vossa energia, com vosso foco.

Se vocês ao serem demitidos tivessem dito , "Ok, qual será a oportunidade que o Universo está trazendo pra mim agora?" , vos mantendo confiantes que Ele está sempre operando ao vosso favor, a próxima porta seria aberta com muito mais rapidez, porque vocês estariam alimentando a próxima oportunidade e não a situação do desemprego. Sempre com amor, aceitando e desejando. Sem "luta", apenas amor.

A consciência próspera é uma parte vossa que é intrínseca, vocês precisam apenas ativá-la para retornarem ao estado de prosperidade. Para despertá-la comecem a fazer meditações com a intenção que a vossa consciência próspera seja despertada.

Sente-se em um lugar confortável, relaxem, e peçam a Deus, aos mentores, a presença Eu Sou, que vos ajudem nesse despertar e permaneçam em silêncio, eliminando os pensamentos do vosso quotidiano que vos chegam, mas se de repente vos chegar uma lembrança de uma situação do vosso passado, analise-a e depois deixe-a de lado, permanecendo no silêncio.

No silêncio a Luz poderá vos ajudar a dissolver tudo aquilo que está sendo usado para vos distanciar da prosperidade.

Façam afirmações como , "eu sou a prosperidade, todo o bem chega até mim de maneira fácil, tudo está pronto dentro de mim, Eu sou o criador do meu mundo."

Vocês podem criar uma frase que vos anime, que vos traga sentimentos de alta frequência, desta forma é como se vocês começassem uma limpeza interna. Os resultados chegarão se vocês continuarem na intenção de despertar a consciência próspera. Ela começará a se expandir, depende somente da intenção e do foco de vocês.

- Então, onde vocês pretendem colocar o vosso foco, nos problemas ou na vossa prosperidade?

Aquilo que for alimentado pela vossa energia, ganhará força e se multiplicará, é a lei da atração.

O "autocontrole" no momento da aquisição é contrafluxo.

O autocontrole é uma espécie de "mentira" que vocês contam para si mesmos. Vocês usam uma frase assim , "eu resisti e não comprei aquilo ".

Vocês não precisam de nenhum controle, porque na verdade esse controle não está sendo utilizado sobre o dinheiro, mas sim sobre o desejo, o sonho, e eles jamais deveriam ser controlados.

Todo desejo que vos traz alegria e paz vem do vosso coração e se existe o "autocontrole", o coração não consegue exercer a sua função, que é vos ajudar a atrair aquilo que vos farão se sentirem bem.

Os desejos do coração são aqueles que de algum modo vos trará uma satisfação elevada, e não é por isso que desejar um objeto, pode ser visto como algo de pouco valor.

Muitas vezes, as pessoas tem vontade de comprar algo, mas julgam que o quanto custa não é "justo" e por isso param de sonhar, param de investir energia e então elas não conseguem realizar aquele sonho.

Os sonhos não são somente aqueles "grandes" como uma casa, uma viagem, um salto de paraquedas, os sonhos podem ser "pequenos" como comprar um sapato, uma camisa, levar o filho no parque , etc. E geralmente esses sonhos "pequenos" são os primeiros a não serem alimentados, para que "os maiores" possam se realizar, mas isso não faz o menor sentido, o Universo não faz essa distinção de "grande ou pequeno", são vocês que o fazem, e para a vossa alma todos os vossos sonhos são importantes, pois o objetivo dela é tirar de cada momento o máximo de alegria que ela puder.

Na maioria das vezes vocês estão alimentando a escassez e nem percebem. Quando vocês pensam, "não é importante gastar dinheiro em um restaurante, importante mesmo é guardar dinheiro para construir a minha casa", vocês estão alimentando a escassez.

Com exemplos diferentes vocês usam inúmeras vezes essa frase, sem perceber que o que vocês estão emanando para o Universo é : "sei que não posso ter tudo o que quero, então escolho isso", e o Universo responde não, dando a vocês tudo aquilo que vocês querem.

Não existe beleza no fato de não ter tudo o que se quer, não existe beleza na escassez como quando se diz, "eu deixo de comprar para mim, para comprar para os meus filhos" , ou "primeiro para eles e se sobrar , para mim ".

Esse "autocontrole" é uma doença que irá se alastrar para todos os aspectos da jornada da pessoa, porque ela irá usar isso de diversas maneiras, então ela emanará ao Universo, "não quero isso; não preciso daquilo; eu posso ficar em segundo lugar; fico somente com o resto" e assim por diante.

Quando vocês se permitem sonhar, vocês não tem que se preocupar de como aquilo irá chegar até vocês, pois o Universo é quem é o responsável.

É como quando se deseja algo, vocês passam diante uma vitrine de uma loja e simplesmente desejam, olham como é bonito o objeto, e só. De repente sem vocês perceberem aquele objeto chegará até vocês, ou porque entrou em promoção e vocês tinham dinheiro para comprá-lo ou porque alguém vos deu, e quanto mais livre é esse desejo, sem os rótulos de caro ou barato, consigo ou não consigo, apenas o desejo simples e cheio de amor, mais rapidamente ele se materializará.

“Eu desejo, eu crio" , apenas isso, cheio de amor e de espera, é assim que vocês criam. A busca deve ser sempre pela criação do que se quer.

Sabemos que muitos não compreendem muito bem isso, porque na verdade estão condicionados a viverem sempre sendo conduzidos por crenças limitantes e que muitas vezes elas dizem que o vosso querer não é o bastante e que vocês não podem ter tudo aquilo que desejam, e com isso começam a fazer criações indesejadas, porque vocês acreditam que aquilo que têm é o máximo que vocês podem ter, e que para ter mais, "só se vocês fossem ricos", mas para serem "ricos" vocês deveriam acreditar nisso, e como vocês não acreditam nessa possibilidade, então permanecem infelizes nos vossos trabalhos, nas vossas casas e até mesmo nas vossas vidas, achando que é normal se privarem das coisas que vocês querem.

É tão normal isso para vocês queridos, que vocês acham anormal quando alguém consegue um resultado diferente na vida dele, quando ele não precisa ficar fazendo contas ou olhando o preço das coisas antes de comprá-las, e muitas vezes vocês acham que a vida dessas pessoas não são reais, "pois a realidade é sofrer para pagar as contas, e sofrer para chegar até o fim do mês".

Queridos, vocês se orgulham disso, sem perceber que na verdade estão perpetuando a pobreza. Não se orgulhem em ter o autocontrole de escolherem sempre "por necessidade" as coisas mais baratas, vocês podem ter tudo aquilo que desejam, basta que comecem a criar situações prazerosas dentro de vocês, com os vossos pensamentos e emoções, sem pensar se aquilo é caro ou barato, apenas o desejo de ter aquilo.

Se vocês desejaram é porque existe a possibilidade de possuí-lo, mas se por exemplo vocês desejam ter um carro, e ficam pensando e pensando como será tê-lo, mas ao final vocês dizem, " isso é um sonho, na verdade isso nunca irá acontecer", vocês estarão jogando pela janela a oportunidade que o Universo está dando de possuir algo que estaria trazendo prazer e contentamento. Acreditem na abundância do Universo e deixem de lado todas as crenças de controle e autocontrole.

A cada 17 segundos de pensamento sincero, um portal se abre

Em 17 segundos parece pouco, mas é suficiente para criar um portal que atrairá energias semelhantes àquelas que vocês estão emanando.

Para o Universo não tem diferença se o que vocês estão emanando é negativo ou positivo, se vocês permanecerem mais de 17 segundos pensando sinceramente em uma determinada coisa, um portal se abre e magneticamente um outro pensamento da mesma frequência é atraído, e isso quer dizer que o teu pensamento terá uma força muito maior, pois a cada 17 segundos ela se multiplica.

Muitos irão pensar que é fácil, mas o que acontece é que vocês não conseguem manter um pensamento de algo que vocês desejam de coração por mais de 17 segundos, e então vem um pensamento que diz: "ei, pare de sonhar, você sabe que não irá conseguir fazer isso nunca" , e assim vocês continuam sem conseguir materializar aquele desejo.

Uma outra coisa é que alguns tentam se enganar dizendo, "eu penso e visualizo, mas nada acontece". Na verdade muitas vezes vocês estão lá pensando, visualizando, mas a emoção que está sendo gerada é de baixa frequência, é a emoção de que vocês não conseguem.

É muito importante que vocês sejam sinceros consigo mesmos, para que vocês trabalhem a crença limitante que está criando aquela emoção, para que então vocês estejam em alinhamento com o vosso desejo.

Vocês são Seres frequenciais/vibracionais, então vocês têm que estar na mesma frequência do vosso sonho para que ele se materialize. Isso significa que vocês devem acreditar no que estão pensando. Por isso que as melhores afirmações e visualizações, são aquelas que não vos porta ao conflito, como por exemplo, "que bom ter um carro novo".

Não existe conflito, pois vocês sabem que é bom ter um carro novo, mas se vocês pensam "eu tenho um carro novo", isso irá martelar na vossa cabeça em forma de emoções, dizendo que aquilo é uma mentira, que na verdade vocês não têm.

Quanto maior é o alinhamento, maior é a energia que vocês emanam e maior é a possibilidade de conseguirem passar dos 17 segundos, e a cada 17 segundos pensando, maior é a força que vocês estão emanando. Tudo é muito simples, mas vocês devem estar em alinhamento com os vossos desejos.

Ponto de atração

Tudo aquilo que está sendo criado na vossa jornada, tudo aquilo que vocês estão vivendo neste momento, foi feito através de um vórtice de energia, e esse vórtice é feito em base a um ponto de atração.

Basta vocês olharem como está a vossa vida neste momento, que vocês saberão onde está o vosso ponto de atração.

Por exemplo, se vocês somente atraem pessoas que vos decepcionam, a "culpa" não é das pessoas, mesmo porque a culpa não existe, mas o fato é que o vosso ponto de atração está no desconforto, insegurança, seja com os outros ou com vocês mesmos.

Colocando esse assunto no ângulo da prosperidade financeira, aquilo que vocês estão atraindo hoje, veio por esse ponto, se vocês confiassem que o Universo sempre vos traz as melhores opções, o vosso ponto de atração seria esse, e o vosso vórtice iria ser o vórtice das melhores possibilidades, mas se vocês pensam que tudo está ruim, que nada "dá certo" em vossas vidas, ali estará o vosso ponto de atração.

Mais uma vez, são as crenças que alinham esse ponto, então é imprescindível curá-las, sem isso vocês não sairão do ponto onde estão, e tudo aquilo que virá em vossas vidas será da mesma frequência daquela que vocês têm hoje.

Basicamente o ponto de atração é como se fosse a pedra fundamental de uma construção, é ali que tudo começa e é ali que é definido tudo o que está por vir, e uma vez identificado o ponto de atração, ele pode ser alterado.

Para modificá-lo é muito simples, basta mudar as crenças, ao invés de pensar que tudo é difícil, comecem a dizer para si mesmos e para os outros, que é fácil, que a vida é divertida e simples. No começo serão apenas palavras, mas se vocês insistirem, elas se tornarão sentimentos e elas mudarão o vosso ponto de atração.

Do mesmo modo que a crença que criou o ponto em que vocês estão hoje, não foi criada do dia para noite, a próxima crença, que criará o próximo ponto, também não será criada rapidamente. Mas com apenas duas semanas vocês já começarão a se sentirem mais positivos, pois elas criarão novos horizontes dentro da vossa consciência.

Não adianta vocês tentarem esconder de si mesmos que o vosso ponto de atração é de baixa frequência, ou seja, que vocês têm dificuldades em acreditar que coisas boas possam acontecer a vocês.

A melhor coisa que se pode fazer por si mesmo, é olhar para vocês da maneira que vocês são, sem medo de mudar, sem medo de dizer: "encontrei uma nova maneira de olhar a vida, prefiro a partir de hoje olhar para ela com os olhos da oportunidade".

Assim, vocês absorverão todas as oportunidades, até mesmo aquelas que vocês enxergam como "cara de problema". O ponto de atração pertence à vocês tanto quanto os vossos pés ou as vossas mãos, e assim como eles, o ponto de atração vai onde quer que você for.

Coincidência ou sincronicidade

O que essas duas palavras têm a ver com a prosperidade financeira?

Tudo!

Essas duas palavras definem o vosso ponto de atração, definem onde é que vocês criam as coisas que querem viver, e também definem se vocês acreditam se são vítimas ou criadores.

Quando vocês dizem e acreditam que a coincidência existe, vocês estão acreditando no "acaso", na "falta de organização" existente no Universo, onde coisas acontecem aleatoriamente sem por quê.

Na coincidência não existe a magia, não existe o poder da abundância dentro de vocês, não existe a criação intencional, não existe o magnetismo que move de maneira surpreendente as energias formando as criações maravilhosas que vocês vivem na vossa jornada. Na coincidência não existe a cooperação entre vocês e a mente Suprema, tudo se cria de modo aleatório, independente do vosso desejo. Por tudo isso devemos vos dizer que a coincidência não existe.

A crença nela, vos leva ao desempoderamento, a uma separação do Todo. É impossível acreditar no ponto de atração e acreditar na coincidência, mas muitos de vocês fazem isso, e por isso não conseguem realizar os vossos sonhos.

Vamos dar um exemplo: vocês detestam o vosso trabalho, e de repente vocês são demitidos. No momento vocês não pensam na palavra "coincidência", mas vocês acreditam que o vosso chefe não é uma boa pessoa ou que a empresa é ingrata por tudo o que vocês fizeram por ela, e assim por diante, sem perceber que na verdade o vosso ponto de atração era de sair da empresa.

Vocês não foram as vítimas, mas sim os criadores da situação. Se vocês tivessem colocado o vosso foco em arrumar um outro emprego ao invés de detestar a empresa, o vosso ponto de atração estaria em uma outra empresa e vocês não ficariam desempregados, pois o outro trabalho viria para a vossa vida muito rapidamente.

Quem acredita na sincronicidade, sabe do poder de criação que existe dentro dele, e sabe que onde está o pensamento dele, ali estará o seu ponto de atração, então quando algo acontece, ele não pára para se fazer de vítima, procurando uma culpa, ele olha o que criou e sabe que ali é apenas o início da mudança que ele criou, e se coloca à disposição do Universo, para então juntos, completarem a obra da transformação em sua vida.

A sincronicidade são os movimentos que o Universo faz para vos indicar a estrada, e elas acontecem o tempo todo, basta vocês abrirem os olhos e estarem atentos, e vão ver que os movimentos não param nunca.

Então, quando vocês estão desejando algo, querendo cocriar algo, estejam sempre alertas para ver qual é a "dica", a sincronicidade, que o Universo vos dará para vos indicar a estrada.

É como uma caça ao tesouro, o Universo deixa as pistas por toda parte, e assim como em uma caça ao tesouro, vocês devem acreditar que todas as dicas vos levarão ao Tesouro, ou seja, a criação do vosso desejo.

Com o passar do tempo todas as ações passarão a ser em base àquela mudança, pois quanto mais perto vocês estão da realização dos vossos sonhos, mais vocês sentem a aproximação deles energeticamente, jamais será possível passar de um extremo ao outro na escala das emoções, sem passar uma por uma, porque o vórtice trabalha dessa maneira, ele começa a atrair coisas e situações semelhantes ao vosso desejo, como se ele fosse chegando cada vez mais perto do objetivo final.

Na verdade o vórtice vai acompanhando as energias que vocês estão emanando, e ao mesmo tempo vocês vão acompanhando a energia do vórtice à medida que os acontecimentos atraídos vos animam em continuar.

Não existe divisão entre vocês e o vórtice, por isso que a emoção que está dentro de vocês, instantaneamente vai para o vórtice. Isso significa que vocês estão sempre no comando.

Vocês são o computador e também o seu próprio manual

Um computador avançadíssimo! É isso que vocês são!

Vocês podem criar, armazenar, se divertir, ajudar e muito mais. Exatamente como os computadores que vocês têm em casa. Mas se vocês fazem igual ao que fazem com a maioria dos eletrônicos que compram, ou seja, não leem o manual de instruções, o que acontece é que vocês não conseguem usufruir ao máximo das funções propostas por eles.

Isso porque algumas aplicações requer um pouco de tempo para que vocês consigam entender o funcionamento delas. Mas a resposta automática que vocês têm é, "eu não tenho tempo".

Assim é para os eletrônicos, assim é para a vida de vocês. O fato é que a vida está a todo momento vos dizendo, "ei, pare um momento e respire", mas vocês estão muito "atarefados, correndo atrás do prejuízo".

Quando nós dizemos que vocês são o manual, isso quer dizer que todas as respostas já existem dentro de vocês, e também queremos dizer que o primeiro passo para usufruir de uma vida plena, é olharem primeiro para si mesmos, porque vocês só conseguem ouvir as respostas se estiverem prestando atenção em quem está respondendo, ou seja, em vocês mesmos.

Por exemplo, se vocês estão sempre em situações onde são demitidos ou perdem rapidamente o que conquistam, não percam tempo procurando os culpados, mesmo que vocês tenham sido roubados, pois os criadores das situações, são vocês mesmos, é a energia que vocês emanaram. Então se vocês estão nessa situação que se repete por várias e várias vezes, isso significa que vocês estão repetindo um condicionamento várias e várias vezes.

Continuando no exemplo...

Muitas vezes vocês estão procurando emprego, e o pensamento é, "eu aceito qualquer coisa", deixando de lado a coisa mais importante, que é o prazer de trabalhar com aquilo que se gosta. Então, o trabalho se materializa em vossas vidas, mas a energia dele não é compatível ao emprego dos vossos sonhos, mas sim a de "qualquer coisa", nisso vem as insatisfações, as lamentações, a tristeza de "enfrentar uma segunda-feira", porque se vocês trabalhassem com prazer, a segunda-feira seria um dia maravilhoso, pois estariam começando mais uma semana para fazer aquilo que vocês gostam.

Por consequência dessa energia de insatisfação que vocês estão emitindo, vocês começam atrair situações desconfortáveis no trabalho, como inimizades ou até que finalmente vocês são mandados embora.

Enquanto vocês não forem na "raiz do problema" , ou seja, desejar um trabalho que vos faça feliz, esse ciclo não terá fim, pois só vocês podem fazer a vida de vocês "funcionar direito", e para fazer isso, é preciso fazer as perguntas e esperar as respostas.

A cada novo ciclo que se começa ou termina em vossas vidas, se perguntem, "onde eu posso melhorar?", porque vocês são Seres em expansão, em um progresso contínuo. Tudo é infinito, inclusive a diversidade de situações que vocês podem viver, depende somente de vocês pararem para fazer a pergunta, "como posso me melhorar?"

Quando se caminha no fluxo, está se caminhando ao lado da plenitude, da autoaceitação, e com isso todas as coisas que se materializam no decorrer do caminho serão prazerosas.

O prazer de um caminho não está exatamente no que se vê nele, mas sim no que se sente ao caminhar, e com o dinheiro não é diferente, não é o quanto você possui dele que te faz próspero, e sim o fluxo que você tem dele na tua vida que é o sinônimo da tua prosperidade.

Como transpor o medo do falimento

Muitos pensam que o falimento acontece somente se você for uma empresa, mas isso que nós estamos nos referindo é um sentimento, o sentimento do falimento.

Conforme vocês vão crescendo, vocês vão adquirindo o hábito de se comparar com o mundo que vos circundam, com o amigo, vizinhos, ator de filmes, etc. Então muitas vezes vocês criavam expectativas que na verdade não são baseadas em vossas necessidades íntimas,ou seja, nos impulsos que vem do vosso coração, mas sim nas perspectivas que vem da vida de outras pessoas.

Como por exemplo, quando chega na época de Copa do Mundo e "todos tem que trocar de TV naquele momento" ou "ter que marcar a data do casamento no mês de maio ou dezembro", onde a maioria das pessoas se casam.

Quando esse tipo de coisa acontece, acreditem, vocês não estão seguindo um impulso da alma, estão seguindo um coletivo que na maioria das vezes não está sendo sustentado frequencialmente pela vossa frequência, e quando não existe esse suporte, o que acontece é que tudo fica muito "difícil" de acontecer, na maioria das vezes vos causa muito estresse, e quando finalmente se materializa, vocês não se sentem plenos, isso porque aquilo que acabou de se materializar não era realmente importante, e o que fica muitas vezes é apenas as parcelas a serem pagas, e um sentimento de ter feito a "escolha errada".

Já dissemos muitas vezes, mas iremos repetir, não existe certo ou errado, mas existe o que será mais proveitoso ou não para a sua jornada.

Ao fazer determinadas escolhas baseadas nesse "querer externo", vocês estão gastando a vossa energia para materializar algo que não é importante realmente para vocês, muitas vezes deixando de criar coisas que iriam vos trazer a felicidade interior que vocês tanto buscam.

Quando vocês estão seguindo apenas o externo, as materializações perdem o valor e o sentimento de falimento vos consome, pois elas não conseguem vir no fluxo, elas vêm com uma frequência "comprometida", porque quando se deseja por exemplo comprar algo para a tua casa, e esse desejo veio para vos trazer uma experiência prazerosa a pedido do coração, o que está sendo emanado para o Universo é a vossa frequência, mais a frequência do objeto, mais o prazer que ele irá vos proporcionar.

O Universo soma tudo e vos devolve aquilo de maneira tranquila, sem que haja um sofrimento posterior, sem por exemplo, ter "dificuldades" de conseguir pagar posteriormente o objeto e assim vocês se sentem completamente no fluxo.

Já os desejos baseados no externo, não levam para o Universo a vossa frequência, mas sim a do coletivo, e quando essa retorna para você não existe a mesma perfeição frequencial, e o resultado muitas vezes é o sentimento de não ter feito a melhor escolha e também de ter colocado o vosso dinheiro e a vossa energia em algo que "não era tão importante como parecia ".

Quanto mais íntimo for o desejo, mais será parecido com vocês a frequência emanada, e mais será personalizada a materialização do desejo.

O desejo tem que vir do coração, e não do coletivo. O desejo íntimo, despertar algo que vos preenche, isso jamais poderá ser sentido como desejo induzido pelo coletivo. O resultado do desejo induzido alimenta somente o sentimento da falta , de falimento.

Eu sei como cuidar do meu dinheiro?

Ao ler este título, alguns irão pensar que vamos dar alguma fórmula financeira para vos ajudar a "gastar" o dinheiro de forma "coerente"- Risos - em primeiro lugar o dinheiro não "se gasta" , pois o dinheiro é uma troca.

Em segundo lugar o que é usar dinheiro com coerência?

Como é possível dizer que é certo ou errado, uma vez que cada um tem uma necessidade e uma visão sobre o que é necessidade e o que é prazer?

Cuidar do dinheiro é amá-lo, não somente daquele que já existe na vossa conta bancária ou na vossa carteira, mas amá-lo pela Luz que ele é, amá-lo como uma magnífica criação que vos possibilita experienciar trocas, e também as escolhas que ele pode proporcionar.

Cuidar do dinheiro representa o tipo de energia que vocês emanam em relação a ele, se essa emanação é de alta frequência, isso quer dizer que vocês estão fazendo uma estrada de ligação entre vocês e ele, já se a primeira palavra que vos vem à cabeça quando se trata de dinheiro for pobreza ou escassez, essa estrada não existe; e como ele conseguirá vir até vocês?

Muitos vão pensar: "mas é tão difícil ganhar o suficiente para viver bem". Primeiro é preciso entender que muitas vezes vocês querem ter mais dinheiro, mas não param um minuto sequer de dizer que vocês nunca tem o bastante.

Isso é não cuidar bem do vosso dinheiro.

Por que vocês deveriam ter todo dinheiro que necessitam, por exemplo, se nasce em vocês uma necessidade/vontade de fazer uma viagem, comprar um carro ou uma casa, o normal seria que o dinheiro aparecesse nas vossas vidas para ser trocado por aquilo que vocês desejam.

O normal é tê-lo sempre à vossa disposição, mas acontece que na maioria dos casos de escassez, vocês não acham que é normal tê-lo sempre a disposição, pois "o normal é ser pobre e passar por dificuldades como todos os outros".

Quando alguém diz que tem uma reserva de dinheiro, as pessoas dizem, "também, ele não faz nada" ou dizem, "também, com o salário que ele tem". Vocês na maioria das vezes não conseguem enxergar que isso é normal, e que é isso que deveria acontecer com todos vocês.

O dinheiro é Luz e amor, então a pobreza e escassez é o seu oposto. Parem de acreditar que a ausência dele é normal, porque isso é o mesmo que dizer que não ter amor é normal.

Cuidar do dinheiro não é saber "como gastá-lo bem", mas sim estar em sintonia com ele.

Para entrar na frequência do dinheiro, é preciso esquecer a escassez.

Por que onde vocês colocam o vosso foco, lá estará vossa energia, e a vossa energia é o alimento para tudo aquilo que é criado.

Nós já dissemos isso muitas vezes, mas é preciso que esse conceito, essa verdade Divina, crie raízes muito profundas em todos vocês, pois é a única maneira de vocês adquirirem liberdade.

Quanto mais vocês se permitem experienciar as situações que se apresentam, e em seguida retornarem para frequência de abundância, menos vocês sofrerão e menos vocês passarão pela escassez.

Por exemplo, vocês perdem o trabalho. No momento que isso acontece, cada um é livre de reagir da maneira que quiser, uns vão chorar, outros irão se magoar e outros ainda irão sentir raiva. Mas o fato é que todas as reações vem do medo.

O melhor mesmo a se fazer quando isso acontece é a não reação, isso significa que vocês sabem quem são e como as coisas funcionam.

Então simplesmente vocês iriam pensar que vocês não estariam perdendo o emprego, mas sim que a vossas vidas estão lhes mostrando que chegou o momento de mudar de emprego e que se esse ciclo se fechou, é porque outro está pronto para se abrir.

Sem sofrimento, pois não existiria medo de um futuro aterrorizante, existiria uma profunda calma na confiança no Universo, e assim a vossa experiência é vivida de forma positiva, elevada, e não há nenhum tipo de resistência da vossa parte, então o Universo estaria livre para agir na entrega do próximo ciclo, sem a resistência de vocês.

Resistência, o cabo de guerra

Muitos de vocês já brincaram de cabo de guerra quando eram crianças. Uma única corda que é puxada de uma ponta por algumas pessoas e na outra por outras, o grupo mais forte ganha.

A energia é a corda, de um lado têm vocês e do outro o Universo. Todas as vezes que vocês não conseguem aceitar que algo está saindo das vossas vidas, esse "jogo" acontece.

Ao invés de vocês pegarem a melhor "corda" que vocês têm, ou seja, a vossa melhor energia e jogar para que o Universo agarre e assim rapidamente crie um vórtice positivo, vocês não enviam essa corda.

O Universo só está querendo ajudar a criar uma corda de ligação, e ao invés de vocês apenas segurarem a corda e se sentirem seguros e tranquilos, vocês começam a puxar e puxar desesperadamente, interrompendo o fluxo, diminuindo a velocidade da criação que estava a caminho.

O que existe na verdade são dois ilimitados carretéis de cordas, um está com vocês e o outro está com o Universo, e essas cordas não são separadas, elas estão sempre ligadas, e para que a abundância se apresente, é preciso confiar que existe sempre mais corda, tanto do vosso lado quanto do lado do Universo.

Não é preciso pensar que a situação não existe solução, pois isso seria o mesmo que dizer que não existe mais energia no Universo, e sempre existe uma solução, mesmo que às vezes ela não vos agrade no primeiro momento, sempre existe!

O Universo está sempre disposto a vos entregar tudo aquilo que vocês forem capazes de absorver, aquilo que estiver na vossa frequência.

Por exemplo, vocês estão pensando em trocar de emprego, existe algumas possibilidades na cabeça de vocês, coisas com as quais vocês gostariam de trabalhar. O Universo jamais virá com uma solução que fosse completamente oposto de tudo aquilo que vocês estão emanando, porque vocês não estariam na frequência para receber, então vejam se vocês realmente ficariam felizes com as frequências que vocês estão enviando para o Universo, pois elas retornarão.

Imaginem que vocês estejam enviando cordas de uma frequência elevada, a frequência da prosperidade, e a realidade que está sendo entregue pelo Universo ainda é de escassez. Não reajam, aceitem e confiem que o Universo mudará a vossa realidade assim que tiver entregue todas as cordas que já tinham sido enviadas antes, ele começará então a entregar as cordas de alta frequência, aquelas que vos conduzirão à prosperidade financeira. Sem cabo de guerra, apenas confiança, confiança e confiança, tanto em si mesmos quanto no Universo.

A sintonia do amor, da confiança e do dinheiro, são praticamente a mesma

A verdade é que o amor, a confiança e o dinheiro, estão ligados profundamente. Se a pessoa não tiver amor por ela mesma ou pelo trabalho que faz, ela irá trabalhar com algo que não gosta e assim não será valorizada o bastante, causando a escassez.

Se a pessoa não confiar nela e nem no Universo, ela estará a mercê do medo, onde "ela deve se proteger de tudo", o que a levará à escassez, porque a abundância financeira só existe na liberdade de criar e aceitar.

Se a pessoa não amar o dinheiro como uma criação da Luz ou se desprezar aquilo que possui, ela estará sintonizando a sua frequência com a ausência dele.

Um homem de negócio de sucesso tem três coisas dentro de si, isso porque se faltasse uma delas ele não teria sucesso financeiro.

Primeiramente ele ama o que faz. Segundo, ele confia em si mesmo, confia que a resposta que ele terá será satisfatória para ele, e em terceiro, ele vê o dinheiro como um companheiro e não como inimigo.

Abundância financeira requer esses três requisitos, sem um deles, ele começa a ficar exposto ao medo, então a frequência dele estará sendo alterada.

Olhem para as vossas ações do dia a dia, vejam se contém os três requisitos, é preciso que os vossos olhos estejam atentos para os mínimos detalhes e que o vosso coração esteja aberto para ver a crença limitante que poderá estar separando-vos da abundância do sucesso.

Não é preciso nenhuma condenação da vossa parte. É preciso apenas a compreensão para aceitar e mudar o que precisa ser mudado. Amor, confiança e amor pelo dinheiro, não vos podem faltar em momento algum do dia de vocês.

Imaginação, sem ela não existe expansão financeira

Muitos podem pensar que imaginação é coisa de criança, que tudo que vem da imaginação é coisa sem importância.

Vocês dizem, "ele estava imaginando coisas", quando querem dizer que algo que o outro está dizendo não é verdadeiro.

E nós neste momento temos que dizer que toda essa negação à imaginação são crenças limitantes, pois a imaginação é o acesso para a materialização, tudo aquilo que existe hoje na tua casa, por exemplo um sofá, uma cadeira ou uma cama, saíram da imaginação de alguém.

Mas ao negar essa maravilhosa ferramenta, vocês estão na verdade bloqueando o seu uso intencional. Deixe-nos dizer outra coisa, quando vocês pensam que não terão dinheiro para pagar uma conta, vocês estão usando essa ferramenta de forma contrária, ou seja, estão usando de forma não consciente, criando o vosso próximo sofrimento, e tudo acontece tão rápido, que vocês nem percebem, quando se dão conta, a história já está nas vias finais, e tudo aconteceu dentro do vosso terreno fértil, que é a imaginação.

Como dissemos lá no começo, sem a imaginação é impossível ter uma vida financeira abundante, porque a imaginação ajuda a vocês criarem emoções e sentimentos que serão emanados para o Universo, fazendo com que o vórtice desse desejo crie força e então se materialize.

Nós estamos dizendo em outras palavras, para vocês sonharem acordados com aquilo que desejam, mas nunca devem ter como pano de fundo o sofrimento, esse desejo, esse sonho acordado, deve ser em prol do vosso bem-estar, para que então a materialização que acontecerá seja algo que traga para vocês felicidade e paz.

Daremos um exemplo, se vocês ficarem repetindo várias vezes para vocês mesmos ou para os outros, que o trabalho está difícil porque todos estão sendo mandado embora, vocês estarão usando a imaginação para criar um vórtice de desemprego.

Mas se na empresa onde vocês trabalham estão mandando pessoas embora, e vocês agem e sentem que estão seguros, e se vocês ainda estiverem na frequência daquela empresa, vocês permanecerão, mas se acaso não estiverem mais na frequência, isso quer dizer apenas o final de um ciclo, e vocês se sentirão seguros nos braços do Universo.

Com essa convicção de segurança, vocês estarão emanando para o Universo tanta confiança e segurança que tudo será harmonioso, mesmo que vocês saiam ou não da empresa.

Isso significa estar no fluxo do bem-estar, sem criar vórtice de baixa frequência, sem produzir manifestações de sofrimento, diferente de quem produz dentro de si momentos de um futuro infestado com os próprios fantasmas, cheio de sofrimento e dor.

Com a imaginação se constrói o vórtice, e porque não usá-los a vosso favor e não contra aquilo que se deseja experienciar?

Vocês são os escritores das vossas histórias, basta que estejam conscientes do poder das vossas escolhas e dos vossos pensamentos.

A vida que vocês vivem, que nós gostamos se chamar de experiências, pode ser aquilo que vocês quiserem, basta que tenham consciência do foco que estão colocando.

Muitas vezes é preciso de um pouco mais de atenção, pois as crenças que rodeiam uma determinada questão em vossas vidas é tão forte e cheia de energia, porém não existe crença que não possa ser dissolvida, por isso que acreditamos que vocês podem criar aquilo que quiserem, seja abundância ou escassez, porque o vosso foco é poderoso demais, isso quer dizer que se vocês se comprometerem consigo mesmos a dissolverem determinadas crenças, isso quer dizer que irá acontecer, porque o desejo de dissolvê-las vai começar a criar e fortalecer o vórtice, então isso acontecerá.

Nós estamos aqui apenas para vos lembrar do caminho, porque na verdade foram vocês que fizeram todas as estradas pelas quais vocês já passaram e todas as outras que ainda irão passar.

A abundância está na imaginação assim como a escassez, isso quer dizer que basta que vocês escolham uma, e então ela se materializará. Não pensem na vida como algo predestinado, pensem que a vida é um campo de possibilidades, onde todos os dias de acordo com as vossas crenças, vocês fazem escolhas, e essas escolhas sempre começam na imaginação ao pensar se vocês "podem ou não" ter aquilo que se deseja, mas sempre começa lá, nas vossas imaginações.

Então está na hora de começar a dar mais vida para essa ferramenta, deixando ela trabalhar com a alma, com coração, imaginando o prazer e não a dor, o conforto e não o desconforto, a riqueza e não a pobreza. Deixem de usar essa ferramenta na confecção de medos.

Se imaginem sempre seguros e não caiam na conversa do coletivo quando dizem que o dinheiro é para poucos, ou que os ricos é que são os culpados pela pobreza do planeta, essas crenças só afastam o dinheiro de vocês, pois pensando que ser rico é sinônimo de gerar dor, vocês que são pessoas "boas", jamais serão ricas.

Abram a vossa consciência para esse poder, e fechem as portas para o vitimismo, ser vítima quer dizer que vocês não tem poder de criar a vida que vocês desejam, e nós estamos vos dizendo, isso não é verdadeiro, mas tudo aquilo que vocês acreditam é verdadeiro para vocês.

A vítima sofre, o criador experiencia

Façam a vossa escolha, defina qual é a estrada que vocês querem caminhar, e nada mais, pois basta parar de se deixar levar pelo coletivo, criem a vossa própria realidade e elas começam aí, dentro da vossa imaginação. Não desistam, confiem imaginando e fortalecendo o vosso vórtice, e em pouco tempo coisas maravilhosas começarão a vos acontecer.

A sabedoria financeira começa dentro da vossa imaginação, busquem a felicidade e vocês encontrarão ela. Agora é com vocês, reescrevam a próxima página das vossas vidas em rumo a prosperidade financeira que vocês tanto sonham.

Nós temos certeza que vocês são capazes! Este livro termina aqui, mas isso não é o fim, é apenas o começo.

Mensagem de conclusão

Tudo que foi dito neste livro espelha a realidade Divina, onde a abundância e o bem-estar são Um com o Todo, e que nada e jamais se conseguirá separar isso.

Não é uma receita de bolo, é uma chave que abrirá portas para o poder da abundância que existe dentro de todos vocês.

Esperamos que a Luz deste livro vos ajude a encontrar as respostas que vocês desejam.

Nós os deixamos sob a Luz do Criador.

Abraham

Perfil da autora Luciana Attorresi

Luciana Attorresi nasceu em 1977, na cidade de São Paulo – Brasil. Teve uma infância um pouco diferente no aspecto espiritual, desde pequena dizia que sentia através das portas a presença e a energia das pessoas. Mas no decorrer dos anos, sua sensibilidade foi sendo escondida por véus.

Somente em 2012, um forte despertar lhe atingiu com uma grande transformação. Dali para cá, ela entendeu que a religião não fazia mais parte dela, que a liberdade de se ver como um Ser de Luz, era maior que qualquer compromisso religioso, e que era a hora de partir em busca de se lembrar quem ela era.

Sua busca, inicialmente, foram de estudos e leituras, mas foi a prática da meditação que lhe deu o gatilho para abrir as portas do Universo, e aquilo que estava no seu plano de Alma, começou acontecer como uma avalanche.

Tudo aconteceu muito veloz, e depois de estudos, crenças limitadoras transcendidas, ela enfim, pode se colocar pronta para cumprir a sua missão.

Esta Canal, como Ser de Luz é …

" … uma grande representante do feminino, que decidiu ajudar Gaia e experienciar a 3° dimensão. É uma grande geneticista que ajudou muito na reconstrução do DNA humano com suas pesquisas. Trabalhou muitas vezes ao lado de Divina Maria para ajudar a humanidade se libertar de programas mentais que os tornavam escravos de outras raças. Trabalhou ao lado de Asthar Sheran para o recrutamento de Seres em toda a Galáxia, assim também com os Sirianos. E isso são apenas algumas coisas ao seu respeito. "

Sananda

Percurso da Canal

Esta canal iniciou canalizando mensagens em texto em 2014, posteriormente apoiada pelos Abraham, aconteceu a primeira mensagens por voz. As mensagens dos Abraham que inicialmente também foram em texto, começaram em 2 de fevereiro 2015.

Em 11 de abril de 2015, a Canal iniciou juntos aos ABRAHAM, a segunda parte do seu percurso junto a Eles, o trabalho consistia em oferecer ao público interessado, em fazer consultar pessoais.

No mesmo mês corrente, a Canal ainda teve a maravilhosa surpresa de saber que os ABRAHAM queriam através dela, realizar um programa semanal transmitido ao vivo pelo Youtube, onde as pessoas enviariam suas perguntas, e Eles às responderiam ao vivo. Em 17 de abril de 2015, a Canal foi convidada pelos ABRAHAM para escrever o primeiro livro no Brasil. O livro "O poder interior" que foi publicado em 15 de junho de 2015.

Entre tantas coisas que conversaram na primeira visita, Eles disseram:

"… você fez tantos contratos de planos interessantes, e nós estamos entre Esses teus contratos. Você tem um contrato conosco para levar as nossas mensagens de empoderamento para as pessoas, assim como a Esther, porém é claro que cada uma de vocês tem suas características e nós respeitamos e amamos a todos de igual maneira, mas mesmo que o nosso contrato seja diferente, será um trabalho intenso e cheio de Luz da mesma forma."

A Canal tem também o auxílio de seus Mentores nas canalizações, são Eles:

Arcanjo Miguel, Divina Maria, Arcanjo Metatron e Mestre El Morya. Além de muitos outros Seres de outras dimensões que mantém contato e acesso à informações.

www.ingramcontent.com/pod-product-compliance
Lightning Source LLC
LaVergne TN
LVHW010700200726
843507LV00011B/1957